Footballeur
et
investisseur

Sêssi d'Almeida

Footballeur et investisseur

F|I

FOOTBALLEUR ET INVESTISSEUR

Imprimé à la demande
Dépôt légal : juin 2022
ISBN ebook : 978-2-9583663-0-8
ISBN broché : 978-2-9583663-1-5

Couverture, Mise en page et Co-Autoédition :
autoediterunlivre.com avec Emilie Varrier

Sommaire

Remerciements

En premier lieu, je tiens à remercier les clubs qui m'ont permis de jouer et pratiquer ma passion au niveau professionnel.

Merci aux personnes qui m'ont accompagné dans le monde du foot et dans celui de l'investissement.

Je remercie les membres de l'équipe d'édition dont la contribution a été essentielle à la constitution de ce livre.

Je dois enfin des remerciements aux nombreuses personnes qui m'ont soutenu, et à celles qui m'ont inspiré avant, pendant et après ce livre.

Pour terminer, merci à vous de me faire confiance, de lire et suivre les conseils qui constituent cet ouvrage.

Bonne lecture.

Préface

Devenir joueur de foot professionnel est un long chemin qui comporte beaucoup de hauts comme autant de bas. Une incertitude de tous les instants. Plus que vivre pour un sport, construire sa carrière est un cheminement physique, psychologique, émotionnel et spirituel.

Au commencement, nous avons tous des rêves plein la tête. Comme les plus ambitieux, je m'imaginais sur la route des grands stades et des grandes équipes. Avec un peu de chance, de bonnes opportunités, mais surtout beaucoup de discipline, les plus grands se hisseront vers les sommets de l'art.

Pour les autres, après quelques aventures parfois malheureuses, souvent heureuses aux quatre coins du monde, il leur faudra faire le plein d'incertitudes sportives, contractuelles, financières et familiales.

Pour ma part, j'ai évolué pendant dix ans au sein des Girondins de Bordeaux, mon club formateur, une expérience heureuse. J'ai été jusqu'aux matchs professionnels et compétitions internationales, dont la League Europa, puis j'ai été libéré en 2015. Mon contrat n'ayant pas été renouvelé, j'ai connu cette période d'incertitude footballistique à l'âge de 19 ans. Heureusement pour moi, j'étais très bien entouré. Mon agent sportif était là et le directeur du centre de formation ne m'avait pas « lâché ». Ma carrière professionnelle a pu être lancée dès la saison suivante au Paris–Saint-Germain.

L'éducation financière

C'est grâce à cette expérience que tôt dans ma carrière, une alternative d'éducation financière m'est apparue comme très importante.

Je parle d'éducation financière parce que c'est pour moi la base de l'enrichissement. Nous devons changer tout, ou presque, des croyances limitantes que l'on nous a mises en tête et nous éduquer avec de vrais mentors financiers. La lecture de best-sellers traitant de *mindset* (état d'esprit) de Robert Kiyosaki (*Père riche, père pauvre*) et de George Samuel Clason (*L'homme le plus riche de Babylone*) m'a ouvert à de nouvelles pratiques, de nouvelles perspectives. Un processus s'est mis en marche.

Mon éducation financière fut l'une de mes priorités durant quatre ans, même si j'apprends encore tous les jours. Ce fut un travail acharné pour comprendre pourquoi, mais surtout comment je devais me protéger financièrement. J'ai pris conscience du côté éphémère de la richesse. Être en mesure de faire face à l'imprévu est alors devenu vital.

Bien que le chemin vers l'indépendance financière soit long, il peut être assez rapide et sécurisé pour nous, privilégiés : nous sommes au-dessus des salaires moyens des Français, largement au-dessus pour certains. Beaucoup d'entre nous, footballeurs professionnels, se disent riches. Je dirais plutôt qu'ils ont de l'argent. La richesse est calculée en fonction du nombre de jours pendant lesquels nous pouvons subvenir à nos besoins sans nouvelle rentrée d'argent.

Si mon président ne me paie plus, combien de temps survivrai-je financièrement ?

Votre richesse est égale à la réponse à cette question au moment où vous vous la posez.

Exemple : si vous avez 1000 euros d'épargne et que vos frais courants quotidiens (loyer, nourriture, énergie, loisirs, impôts) s'élèvent à 100 euros, alors vous n'êtes riche que de 10 jours.

Pour un standard salarial français, vous faites partie de la classe supérieure. Vous n'êtes pourtant qu'à 10 jours de la pauvreté parce que vous n'avez qu'une seule source de revenus.

La différence entre votre réussite et votre échec financier va se faire dans l'utilisation de votre épargne.

J'ai compris cela après la trêve hivernale de 2015. Pendant cette période, j'ai dépensé sans compter en soirées et plaisirs futiles. À mon retour au club, mon compte était dans le rouge et le choc avec la réalité, violent. Il m'a fallu deux mois pour me remettre à flot. Deux mois à compter le moindre centime et aliment, à vider la maigre cagnotte accumulée sur mes cartes de fidélité, à manger des pâtes-cordon-bleu tous les jours. Deux mois pour retrouver un équilibre perdu en quelques semaines.

Cette expérience a été vécue pour moi comme un choc émotionnel et psychologique. Elle m'a fait prendre conscience que je ne voulais plus jamais vivre cela et encore moins le faire vivre à ma femme. En m'éduquant financièrement, nous n'aurions plus jamais à vivre cela.

Notre santé financière au beau fixe et une indépendance financière sans aucune inquiétude pour notre avenir et celui de notre famille, nous nous épanouissons sur le terrain l'esprit libre. C'est bien plus efficace que lorsque l'on court de paie en paie. Sans cette pression, nous sommes simplement plus légers.

C'est donc à mes 20 ans, soit six mois après ma première signature professionnelle, que ma conscience financière s'est éveillée et peu à peu aiguisée. L'idée a fait son chemin dans mon esprit. Un parcours spirituel s'est mis en place en parallèle. Si l'argent contribue au bonheur, il ne le fait pas. Nous devons nous élever dans les deux domaines, spiritualité et conscience financière, pour trouver un équilibre parfait. J'ai compris qu'avoir de l'argent sans convictions personnelles n'était pas pour moi. J'avais découvert mon mindset.

Mon Mindset

Vous allez sans doute me demander ce qu'est un mindset. C'est un formatage mental, un état d'esprit à se forger pour atteindre un objectif précis. Ici, le but est donc de conserver un équilibre financier, puis de faire fructifier son argent. Voici comment j'ai construit le mien.

La première étape du processus a été de constituer une équipe de confiance afin d'atteindre l'indépendance financière. Mon gestionnaire en patrimoine fut le premier maillon de la chaîne. Je le connais depuis qu'il m'a approché à l'âge de 17 ans au centre de formation. Sa motivation alors n'était pas l'argent puisque je n'en avais que très peu. Il a été un des premiers à croire en moi. Au fil de nos rencontres, j'ai compris qu'il était fiable. Mon mindset établi et ma maturité financière atteinte, nous avons pu commencer à effectuer des choix financiers beaucoup plus sérieux.

Vous aussi, vous rencontrerez un gestionnaire au cours de votre carrière. Si vous n'avez pas constitué votre mindset et que vous n'êtes pas prêt, tout ce qu'il vous dira vous paraîtra incompréhensible, ou pire, sonnera faux. Tout au début de ma carrière, je n'étais pas prêt à entendre ses conseils et c'est ce qui m'a fait faire des erreurs. Selon votre avancée vers votre mindset, vous interpréterez différemment ses paroles.

J'ai signé mon second contrat professionnel en Angleterre (Barnsley FC) en 2016. C'était un engagement de deux ans. Peu après mon arrivée dans ce club, j'ai lu mon premier livre de finance écrit par George Samuel Clason (*L'homme le plus riche de Babylone*, 2014, éditions Un monde différent). Peu après, je tenais un exemplaire de *Père riche, père pauvre* de Robert Kiyosaki. Ce fut une révélation. Il a d'ailleurs été réédité pour son vingtième anniversaire en 2017. Je l'ai ensuite épluché et scruté. Je voulais devenir riche. Je voulais me créer des actifs, avec ou sans le foot. Plus encore, je voulais devenir indépendant, libre financièrement. Je ne désirais plus travailler pour l'argent, mais que mon argent travaille pour moi.

J'ai poursuivi mon éducation financière en Angleterre durant mes contrats avec Blackpool et Yeovil Town FC.

Ma dernière année au sein de Yeovil Town fut le moment pour moi de mettre en pratique certains fondamentaux :

1. établir un état des dépenses (charges fixes)

Vos charges fixes sont tout simplement la liste de tout ce que vous devez absolument payer tous les mois pour vivre, vos dépenses courantes, votre minimum vital : crédit voiture, carburant, logement, eau, électricité, nourriture, téléphone, internet. (Non, la Rolex et les chaussures Gucci ne font pas partie des dépenses courantes !) Déduisez cela de votre salaire. Vous obtenez la base de votre épargne.

2. se payer en premier et épargner 10 % ou plus du salaire

Payez-vous toujours en premier, car vous jouez d'abord pour vous. C'est-à-dire que quand je reçois mon salaire, je mets d'abord de l'argent de côté ou j'investis pour moi, après je paie le reste. J'ai pris cette habitude, car je travaille pour moi et ma santé financière. Je ne travaille pas pour payer les autres.

3. contrôler les dépenses, tout en se faisant plaisir

De même que le point précédent, je travaille avant tout pour moi. Il est donc important de se faire plaisir (sans abuser !) et d'apprendre à savoir quand dépenser ou épargner.

C'est la méthode du 30/50/20. J'y reviens plus loin.

Le défi d'un footballeur est d'avoir un train de vie modeste en carrière pour se créer un train de vie luxueux en après carrière, amasser (épargner), investir et vivre de ses rentes avec cet argent qui afflue en continu.

J'ai rencontré ma première opportunité à l'été 2019, lors de ma sélection pour la 32e édition de la coupe d'Afrique des nations en Égypte. Les dirigeants de l'équipe nationale ont versé une grosse prime à chaque joueur suite à notre parcours extraordinaire à cette époque.

Financièrement beaucoup plus solide, sortant d'une compétition internationale et surtout d'un quart de finale de coupe d'Afrique, j'ai appris à dire « non », à ne plus négliger mes choix, ne plus prendre de décisions par défaut. Je ne veux plus donner les pleins pouvoirs aux dirigeants d'un club qui imposent une période d'essai à un sportif pour rejoindre ce club. Je ne veux plus d'agents qui promettent beaucoup, mais ne font rien.

C'est là que j'ai vraiment senti agir le pouvoir de l'argent et les portes qu'ouvrait la liberté financière. Elle permet de prendre de meilleures décisions, au meilleur moment. Elle procure la tranquillité d'esprit.

C'est fort de cette nouvelle sérénité que j'ai pu décider de ce qui était bon pour moi et ne plus faire de choix par défaut. J'ai ainsi rejoint les rangs de Valenciennes Football Club (VAFC) dans de bonnes conditions. Contractuellement, tous les termes financiers me conviennent. Sportivement, le club et le coach comptent sur moi. Je les sais en mesure de me faire progresser et j'ai la possibilité d'aider l'équipe à atteindre ses objectifs, nos objectifs.

Dans cette étape importante pour mon développement financier, le primordial est toujours l'argent que je gagne. S'il y a un principe qu'il faut que vous reteniez dans ce livre, c'est ce qui suit.

Peu importe combien vous gagnez, l'important est combien vous gardez, puis l'investir derrière.

La plupart des footballeurs professionnels sont à un pas de la pauvreté. Lorsque leur carrière s'arrête, s'ils n'ont aucune autre source de revenus, ils se retrouvent sans rien. Beaucoup diront qu'ils n'ont pas le temps. « Je me concentre sur ma carrière. » Ce ne sont que de fausses excuses. Nous avons tous le temps, dans la journée, après l'entraînement, de consacrer une à deux heures à notre éducation financière et à la création d'un actif.

Il ne faut jamais oublier que demain si votre carrière sportive s'arrête, les rentrées d'argent s'arrêteront avec elle.

L'idée est de faire prendre conscience au plus grand nombre d'entre nous que notre santé financière se joue dès le départ, mais qu'il n'est jamais trop tard pour bien faire. Apprenons à contrôler nos dépenses, épargner et investir. Ce livre n'est pas apte à vous donner le meilleur investissement ou une formule magique, car elle n'existe pas. Avoir un contrat en or « footballistiquement » serait la solution, mais on en revient toujours à la gestion et l'éducation (ce n'est pas combien vous gagnez, mais combien vous gardez). Je veux vraiment que cela rentre dans la tête de tous, il faut de la discipline, de la patience et surtout s'éduquer financièrement.

Ce livre est apte à faire changer les mentalités des footballeurs professionnels, en commençant par ceux présents dans les centres de formation qui doivent acquérir les meilleures bases. L'éducation financière de ces jeunes est complètement délaissée. Dès leur premier salaire, ils commettent des erreurs et les poursuivent tout au long de leur carrière sans parfois même en avoir conscience. J'ai fait ces erreurs, mais aujourd'hui ma conscience s'est ouverte et je veux vous aider à ouvrir la vôtre.

Car non, votre voiture, votre maison ou votre Rolex ne sont pas gage de réussite. Dans la plupart des cas, ils sont même la cause de votre appauvrissement. Une fois vos revenus épuisés, comment paierez-vous les charges de vos logements ? Le carburant de votre bolide ? Son assurance ? Ne vous référez pas à l'apparence donnée.

Concentrons-nous sur les fondamentaux financiers, ensuite nous pourrons peut-être jouir d'un train de vie luxueux ou, au moins, sans tracas financier.

D'abord, soyons indestructibles financièrement.

Me voilà donc lancé dans ce défi, enfin prêt dans **tous ses aspects : éducation, expérience, et excédent de trésorerie**.

Les 4 piliers de l'investissement

L'objectif est de garder un maximum d'argent et de l'investir intelligemment.

De mon point de vue, il existe quatre piliers d'enrichissement. Il vous appartient de choisir lesquels vous correspondront le mieux en sachant que ces piliers sont comme les pieds d'une table : plus la table comporte de pieds, mieux elle reste stable si l'un d'eux casse. En poussant un peu plus, on peut même dire que plus il y a de pieds à la table, moins ils ont besoin d'être épais.

C'est là que mon conseiller entre en jeu. Je lui confie mes instructions et une partie de mon argent pour débuter le processus : construire mon empire financier via l'investissement.

Pour débuter, mes rentes (les actifs) doivent être égales voire supérieures à mes charges fixes (les passifs). Cela me permettra d'atteindre l'indépendance financière de base : quand les actifs paient les passifs.

Petit rappel lexical

- **Les actifs** sont ce que vous possédez, les éléments du patrimoine ayant une valeur économique comme les dividendes, les biens immobiliers, les rentes, les fonds commerciaux, les titres de participation, les comptes en banque.
- **Les passifs** sont ce que vous devez payer, vos frais courants quotidiens comme le loyer, la nourriture, l'énergie, les loisirs, les impôts, les crédits.

Impératif financier
Actifs > Passifs

Ma table d'actifs aura quatre pieds :

1. Immobilier
2. Cryptomonnaie
3. Bourse
4. E-commerce et commerce physique

L'immobilier

Il s'agit du premier grand pilier de l'investissement. En étant accompagné de personnes de confiance et sérieuses (expert-comptable, notaire, gestionnaire en patrimoine), j'ai pu acquérir mon premier bien dans un objectif patrimonial, dans un premier temps et dans un objectif de rente future, dans un second temps.

Pourquoi ce processus ? Chacun sait que plus on gagne, plus on paie d'impôts. Je ne souhaitais pas augmenter ma tranche d'imposition. La défiscalisation immobilière est un des moyens d'y parvenir. L'objectif était donc de bâtir pour mon avenir et non pour l'instant présent.

J'ai ensuite enchaîné avec le même entourage professionnel. C'est là que l'on comprend l'importance de constituer une équipe solide et fiable. Ce qui vaut sur le terrain est également valable dans la vie.

Notre génération bénéficie d'un avantage : l'investissement s'est démocratisé, notamment en bourse et cryptomonnaie. En quelques clics sur nos smartphones, nous pouvons investir sur une valeur boursière et une cryptomonnaie. Nous avons aussi accès à une plateforme d'informations formatrice qui couvre tous les sujets ayant trait à l'investissement et les finances personnelles : *YouTube*.

L'excuse du manque de temps n'existe plus. L'accès à l'indépendance financière est à la portée de nos doigts, elle ne dépend plus que de notre envie de liberté financière. Ce n'est plus une option, mais une nécessité.

La cryptomonnaie

La cryptomonnaie est un autre pilier d'investissement intéressant et ludique. Mais avec elle, il est aussi rapide de s'enrichir que de tout perdre.

À mes débuts, j'ai passé un certain temps à investir dans la cryptomonnaie. Je trouvais ce véhicule d'enrichissement très rapide, mais je savais qu'il était volatil. Il fallait donc que je m'accroche à mon mindset pour ne pas abandonner. Le problème des cryptomonnaies est qu'elles représentent selon moi davantage un pari qu'un véritable investissement réfléchi, sûr et mesuré. Investir en cryptomonnaie, c'est miser sur l'une plutôt que l'autre en espérant que celle que l'on a choisie explose... ou qu'au moins, elle ne se casse pas trop la figure.

La première fois, j'ai parié sans analyses fondamentales ou techniques. Heureusement, la cryptomonnaie sur laquelle j'ai misé ne s'est pas totalement effondrée et je n'ai pas tout perdu. Vous l'aurez compris, cela peut être un jeu dangereux et il est donc primordial de s'informer et se former (oui, on y revient toujours) sur les différentes alternatives avant de vous lancer.

La bourse

Tout aussi amusant, plus poussé, mais beaucoup moins risqué une fois bien renseigné, la bourse est un autre pilier de l'investissement.

Le DCA

J'ai concentré ma stratégie sur des actions à dividendes mensuels. C'est-à-dire qu'au lieu de percevoir le revenu (dividende) de mes actions en portefeuille une seule fois par an, j'obtiens un versement chaque fin de mois. Grâce à elles, j'ai un revenu vraiment passif. J'investis tous les mois la même somme sur différentes actions. On appelle ça un investissement programmé, ou DCA (Dollar Cost Average). Cela permet un investissement régulier tout en réduisant le risque lié à la volatilité des marchés financiers.

J'ai atteint mon objectif : mon argent travaille pour moi. Il se multiplie au fil des mois sans exploitation active de ma part.

Peu importe les fluctuations du marché, je gagne tous les mois de l'argent que je réinvestis pour faire travailler ce que l'on appelle les intérêts composés.

Les intérêts composés

De quoi sont justement composés les intérêts composés ? Ils sont obtenus en réinvestissant l'addition du capital investi et des intérêts accumulés sur les périodes précédentes.

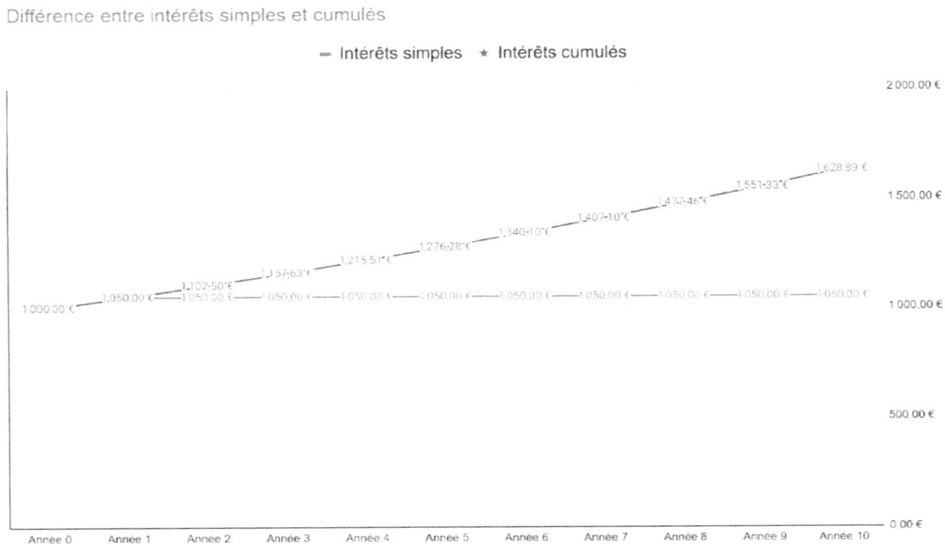

Différence entre intérêts simples et cumulés
Intérêts simples
Intérêts cumulés
2 000,00 €
1 500,00 €
1 000,00 €
500,00 €
0,00 €
1 000,00 €
1 050,00 €
1 102,50 €
1 157,63 €
1 215,51 €
1 276,28 €
1 340,10 €
1 407,10 €
1 477,46 €
1 551,33 €
1 628,89 €
1 050,00 €
Année 0
Année 1
Année 2
Année 3
Année 4
Année 5
Année 6
Année 7
Année 8
Année 9
Année 10

Exemple : J'investis 1000 € à 5 % pendant 10 ans.

À long terme, mon investissement peut donc très vite doubler, voire tripler grâce à la réinjection des intérêts cumulés dans mes actions. Si différentes stratégies existent en bourse, celle-ci m'a paru la plus adaptée à mes objectifs. Je suis un investisseur et non pas un « earner » : je n'ai pas besoin de gagner de l'argent tout de suite, je veux investir pour construire mon futur. Le plus important est de garder le contrôle de son investissement.

Garder le contrôle

Pour cela, il existe des outils qui permettent de vérifier que l'investissement boursier visé est bon. Le risque zéro n'existe pas en bourse, mais il peut être limité par le contrôle de l'investissement. Plusieurs outils technologiques sont maintenant à notre disposition pour cela.

Vous avez maintenant trois des quatre pieds de la table, à vous de construire le quatrième.

Mon cheminement en 4 étapes

J'aimerais vous montrer comment parvenir à construire votre empire de manière simple. Simple ne veut pas dire facile. Encore une fois, on n'a rien sans rien. Il faut travailler maintenant pour se reposer plus tard. La vie est ainsi faite.

1. Se former et s'éduquer financièrement, s'entourer avec précautions

Nous l'avons vu, le meilleur investissement que vous avez à faire pour votre avenir est d'investir dans votre éducation financière.

Gagner de l'argent est une chose. Le conserver en est une autre.

Formez-vous à travers des livres (bibliographie en fin d'ouvrage) et *YouTube* qui reste pour moi l'une des meilleures formations disponibles et accessibles à tous (quelques exemples en fin d'ouvrage également).

Il y a aussi des conférences très intéressantes auxquelles participer.

Vu notre profession, la recherche d'un mentor formateur sera aussi une alternative intéressante, mais dans un second temps seulement. L'importance de bien s'éduquer et se former avant d'aller voir un conseiller. Vous comprendrez ainsi mieux ce qu'il vous explique, vous pourrez communiquer dans la même langue : la finance. De cette manière, vous pourrez suivre et intervenir dans tous les investissements.

2. Se constituer des épargnes de sécurité et d'investissement

Dans un premier temps, à partir de votre salaire constituez une épargne de sécurité qui vous permettra de faire face à n'importe quel coup dur (livret A et assurance vie). En général, six mois de salaire sont conseillés, mais trois ou quatre suffisent amplement, à mon avis.

Une fois cette étape franchie, passez à la suivante : l'épargne d'investissement. Commencez par une DCA sur un produit de votre choix (livret différent pour votre objectif immobilier, disponible immédiatement et investissez votre DCA sur une valeur boursière ou une cryptomonnaie étudiée en amont par exemple). Épargnez sereinement (par virement automatique) au maximum et quand une occasion se présente, réfléchissez et concrétisez.

Quand vous serez prêt et assez solide pour investir cet argent, ne soyez pas pressé, la bonne opportunité viendra à vous par le biais de vos recherches et formations. Mieux encore, vous la créerez avec lucidité.

Il n'est pas nécessaire d'être riche pour commencer à épargner, il s'agit de se payer en premier et de se dégager un surplus de minimum 10 % de son salaire pour commencer. C'est à la portée de tout footballeur débutant ou non. Ne faites pas partie de cette catégorie de gens qui ne pensent pas pouvoir le faire ou pensent ne pas en avoir besoin ! Choisissez de prendre votre avenir en main.

3. Investir cette épargne

Construisez votre table et ses pieds avec ceux que je vous ai déjà décrits :

⇒ L'immobilier qui existe aujourd'hui sous différentes formes, l'immobilier physique, pierre papier appelée SCPI. Il y a la possibilité d'investir en immobilier pour tous les budgets : l'immobilier internet permet en 1 clic et à partir de seulement 10 euros au départ d'investir dans une fraction d'immeuble. Il s'agit de l'application *Bricks.co*. Oubliez l'idée préconçue qu'il faut être riche pour investir dans l'immobilier. Nous pouvons tous commencer petits et grandir vite.

⇒ La bourse et la cryptomonnaie bénéficient d'applications très simples et accessibles à tous. *Trade Republic* pour la bourse et binance.com pour la cryptomonnaie sont des acteurs majeurs de la démocratisation de l'investissement à partir de votre smartphone.

⇒ Le e-commerce et le commerce physique.

4. Passez à l'action maintenant

Il est impératif de commencer dès votre prochaine paie, votre prochain salaire de footballeur. Faites votre budget, contrôlez vos dépenses, établissez vos charges fixes. Je parle bien de besoins primaires, nécessaires, vitaux, ce qui est nécessaire pour vivre !

Puis commencez à épargner 10 % ou plus, n'épargnez pas plus de ce dont vous pouvez vous permettre, sinon vous devrez aller piocher dedans. Cela n'est pas le but, voire contreproductif. N'usez pas votre mindset inutilement.

Dans l'idéal, utilisez la méthode 30/50/20. Cela consiste à diviser vos revenus en 3.

⇒ 30 % de vos revenus doivent être consacrés à vos besoins primaires

⇒ 50 % à l'épargne de sécurité, puis à l'épargne d'investissement

⇒ 20 % resteront pour vos loisirs divers afin de conserver l'envie d'avancer et un mindset intact.

Maintenant, éduquez-vous financièrement, lisez, apprenez.

Pour finir, mettez votre argent au travail.

Bibliographie

⇒ *L'homme le plus riche de Babylone,* George Samuel Clason, 2014, éditions Un monde différent

⇒ *Père riche, père pauvre,* Robert Kiyosaki, 2017, éditions Un monde différent

⇒ *L'entreprise du 21e siècle*, Robert Kiyosaki, 2013, éditions Un monde différent

⇒ *How to Own the World*, Andrew Craig, 2019, éditions John Murray Learning (anglais uniquement)

⇒ *La Psychologie de l'argent*, Morgan Housel, 2022, éditions Valor

⇒ *Les sept lois spirituelles du succès – Demandez le bonheur et vous le recevrez*, Dr Deepak Dhopra, 2004, éditions J'ai lu (pour ceux qui souhaitent développer l'aspect mental)

- ⇒ *Le Quadrant du casflow*, Robert Kiyosaki, 2015, éditions Un monde différent
- ⇒ *YouTube* avec, entre autres, Sebastien-Koubar.
- ⇒ Contenus de sites web comme https://businessattitude.fr/ (Cedric Annicette), https://www.monsieurrodolphe.fr/

N'oubliez pas, l'important n'est pas de lire beaucoup, mais d'appliquer ce que vous avez lu.

Qu'en avez-vous pensé ?

Vous souhaitez partager votre avis sur ce livre ? Les futurs lecteurs vous en seront reconnaissants, et je serais heureux de vous lire à mon tour. Cela ne vous prendra que quelques minutes pour laisser votre commentaire sur Amazon.
Vous pouvez aussi m'écrire sur **info@footballeuretinvestisseur.com.**

Votre avis compte !

Qu'avez-vous pensé de ce livre ?

Combien d'étoiles lui donneriez-vous ?

1. Connectez-vous à votre compte Amazon
2. Cliquez sur « Commandes » en haut à droite
3. Sélectionnez le titre de ce livre
4. Cliquez sur le bouton

Ecrire un commentaire sur le produit

Merci beaucoup pour votre soutien !

Printed in France by Amazon
Brétigny-sur-Orge, FR

23507565R00030